"Natürlich kann man ohne Hund leben, es lohnt sich nur nicht."

Heinz Rühmann

Herausgeber:

Sonja und Sebastian Staender

Herstellung und Verlag:
BoD-Books on Demand, Norderstedt
ISBN: 978-3-7412-0907-9

Dieses Buch gehört:

Mein Rudel:

_____

Meine Adresse:

_____

Meine Telefonnummer:

_____

Mein Name: _____

Mein Spitzname: _____

Mein Geburtstag: _____

Ich komme aus: _____

Ich wohne gemeinsam mit:
_____

Mein Tierarzt:
_____

Meine besten Freunde: _____

Meine „Feinde": _____

☐ Ich komme vom Züchter

☐ Ich komme aus dem Tierheim

☐ Ich komme... _____

☐ Ich bin ein Mischlingshund und zwar:
_____

☐ Ich bin ein Rassehund: _____

Das kann ich:

	Ja	Manchmal	Nein
Sitz	☐	☐	☐
Platz	☐	☐	☐
Pfui	☐	☐	☐
Bei Fuß	☐	☐	☐
Gib Pfötchen	☐	☐	☐
Schwimmen	☐	☐	☐
Kläffen	☐	☐	☐
Sofa besetzen	☐	☐	☐
Betteln	☐	☐	☐

Mein Lieblingsspielzeug:
_____

Meine Charakterstärke:
_____

Meine schlimmste Verletzung:
_____

Das wünsche ich dir:
_____

Mein Lieblingsessen:
_____
_____

Meine Größe:

o   o   o   o

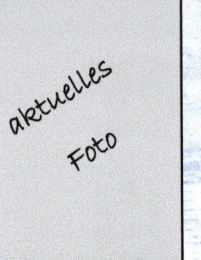

Mein Name: _____

Meine besten Freunde:
_____

Mein Spitzname: _____

Meine „Feinde":
_____

Mein Geburtstag: _____

Ich komme aus: _____

☐ Ich komme vom Züchter

Ich wohne gemeinsam mit:
_____

☐ Ich komme aus dem Tierheim

Mein Tierarzt:
_____

☐ Ich komme... _____

☐ Ich bin ein Mischlingshund und zwar:
_____

☐ Ich bin ein Rassehund:
_____

Das kann ich:

	Ja	Manchmal	Nein
Sitz	☐	☐	☐
Platz	☐	☐	☐
Pfui	☐	☐	☐
Bei Fuß	☐	☐	☐
Gib Pfötchen	☐	☐	☐
Schwimmen	☐	☐	☐
Kläffen	☐	☐	☐
Sofa besetzen	☐	☐	☐
Betteln	☐	☐	☐

Mein Lieblingsspielzeug:
_____

Meine Charakterstärke:
_____

Meine schlimmste Verletzung:
_____

Mein Lieblingsessen:
_____

Das wünsche ich dir:
_____
_____

Meine Größe:

0   0   0   0   0

aktuelles Foto

Mein Name: _____

Mein Spitzname: _____

Mein Geburtstag: _____

Ich komme aus: _____

Ich wohne gemeinsam mit:
_____

Mein Tierarzt:
_____

Meine besten Freunde:
_____

Meine „Feinde":
_____

☐ Ich komme vom Züchter

☐ Ich komme aus dem Tierheim

☐ Ich komme... _____

☐ Ich bin ein Mischlingshund und zwar:
_____

☐ Ich bin ein Rassehund: _____

Welpenfoto

Das kann ich:

	Ja	Manchmal	Nein
Sitz	☐	☐	☐
Platz	☐	☐	☐
Pfui	☐	☐	☐
Bei Fuß	☐	☐	☐
Gib Pfötchen	☐	☐	☐
Schwimmen	☐	☐	☐
Kläffen	☐	☐	☐
Sofa besetzen	☐	☐	☐
Betteln	☐	☐	☐

Mein Lieblingsspielzeug:
_____

Meine Charakterstärke:
_____

Meine schlimmste Verletzung:
_____

Das wünsche ich dir:
_____

Mein Lieblingsessen:
_____

_____

Meine Größe:

0   0   0   0   0

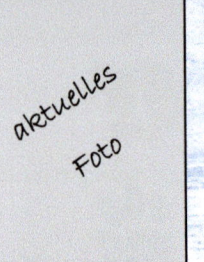
aktuelles Foto

Mein Name: _____

Mein Spitzname: _____

Mein Geburtstag: _____

Ich komme aus: _____

Meine besten Freunde: _____

Meine „Feinde": _____

☐ Ich komme vom Züchter

Ich wohne gemeinsam mit:
_____

☐ Ich komme aus dem Tierheim

Mein Tierarzt:
_____

☐ Ich komme... _____

☐ Ich bin ein Mischlingshund und zwar:
_____

☐ Ich bin ein Rassehund:
_____

Welpenfoto

Das kann ich:

	Ja	Manchmal	Nein
Sitz	☐	☐	☐
Platz	☐	☐	☐
Pfui	☐	☐	☐
Bei Fuß	☐	☐	☐
Gib Pfötchen	☐	☐	☐
Schwimmen	☐	☐	☐
Kläffen	☐	☐	☐
Sofa besetzen	☐	☐	☐
Betteln	☐	☐	☐

Mein Lieblingsspielzeug:
_____

Meine Charakterstärke:
_____

Meine schlimmste Verletzung:
_____

Mein Lieblingsessen:
_____

Das wünsche ich dir:
_____
_____

Meine Größe:

O   O   O   O   O

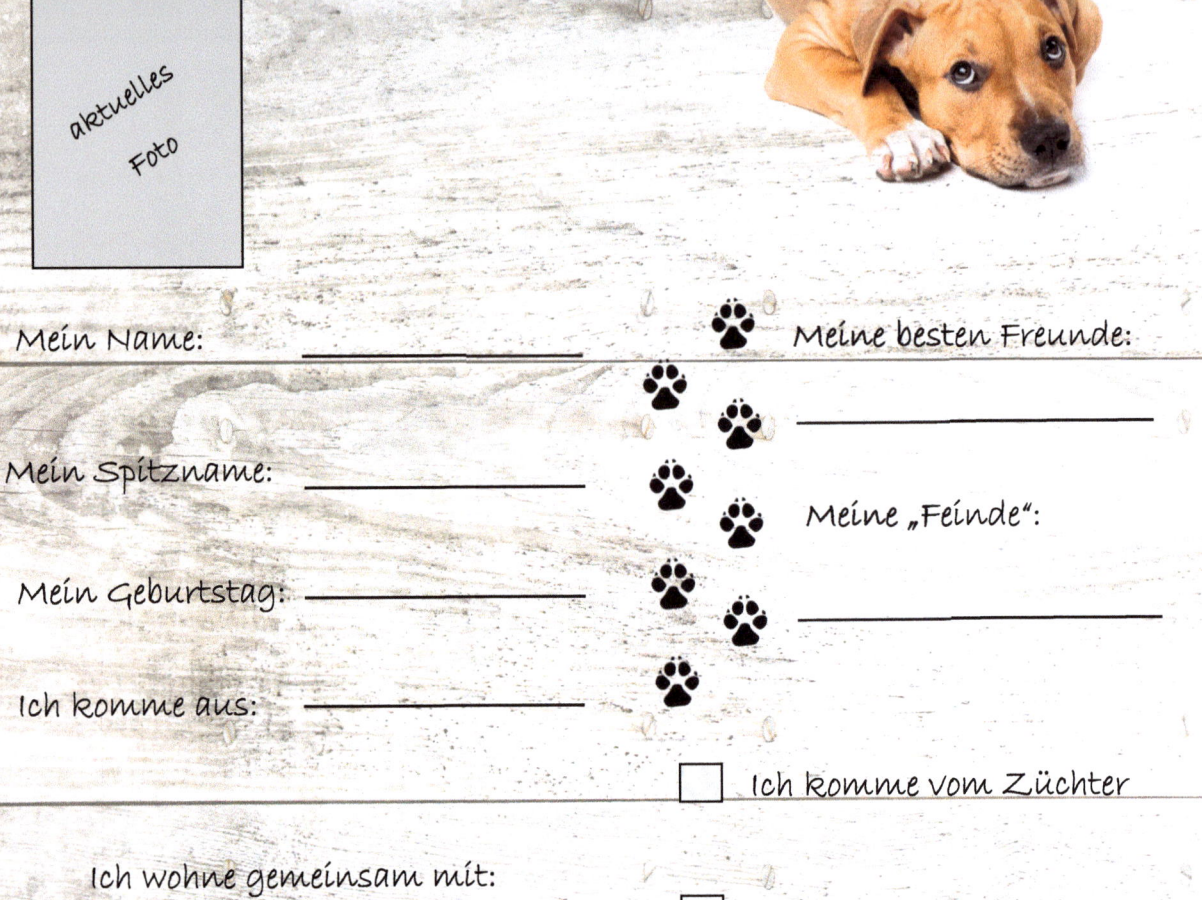

aktuelles Foto

Mein Name: _____

Mein Spitzname: _____

Mein Geburtstag: _____

Ich komme aus: _____

Ich wohne gemeinsam mit:
_____

Mein Tierarzt:
_____

Meine besten Freunde:
_____

Meine „Feinde":
_____

☐ Ich komme vom Züchter

☐ Ich komme aus dem Tierheim

☐ Ich komme... _____

☐ Ich bin ein Mischlingshund und zwar:
_____

☐ Ich bin ein Rassehund:
_____

Welpenfoto

Das kann ich:

	Ja	Manchmal	Nein
Sitz	☐	☐	☐
Platz	☐	☐	☐
Pfui	☐	☐	☐
Bei Fuß	☐	☐	☐
Gib Pfötchen	☐	☐	☐
Schwimmen	☐	☐	☐
Kläffen	☐	☐	☐
Sofa besetzen	☐	☐	☐
Betteln	☐	☐	☐

Mein Lieblingsspielzeug:
_____

Meine Charakterstärke:
_____

Meine schlimmste Verletzung:
_____

Mein Lieblingsessen:
_____

Das wünsche ich dir:
_____
_____

Meine Größe:

o   o   o   o

aktuelles Foto

Mein Name: _____

Mein Spitzname: _____

Mein Geburtstag: _____

Ich komme aus: _____

Ich wohne gemeinsam mit:
_____

Mein Tierarzt:
_____

Meine besten Freunde:
_____

Meine „Feinde":
_____

☐ Ich komme vom Züchter

☐ Ich komme aus dem Tierheim

☐ Ich komme... _____

☐ Ich bin ein Mischlingshund und zwar:
_____

☐ Ich bin ein Rassehund:
_____

Welpenfoto

Das kann ich:

	Ja	Manchmal	Nein
Sitz	☐	☐	☐
Platz	☐	☐	☐
Pfui	☐	☐	☐
Bei Fuß	☐	☐	☐
Gib Pfötchen	☐	☐	☐
Schwimmen	☐	☐	☐
Kläffen	☐	☐	☐
Sofa besetzen	☐	☐	☐
Betteln	☐	☐	☐

Mein Lieblingsspielzeug:
_____

Meine Charakterstärke:
_____

Meine schlimmste Verletzung:

_____

Mein Lieblingsessen:

_____

Das wünsche ich dir:

_____

_____

Meine Größe:

o   o   o   o   o

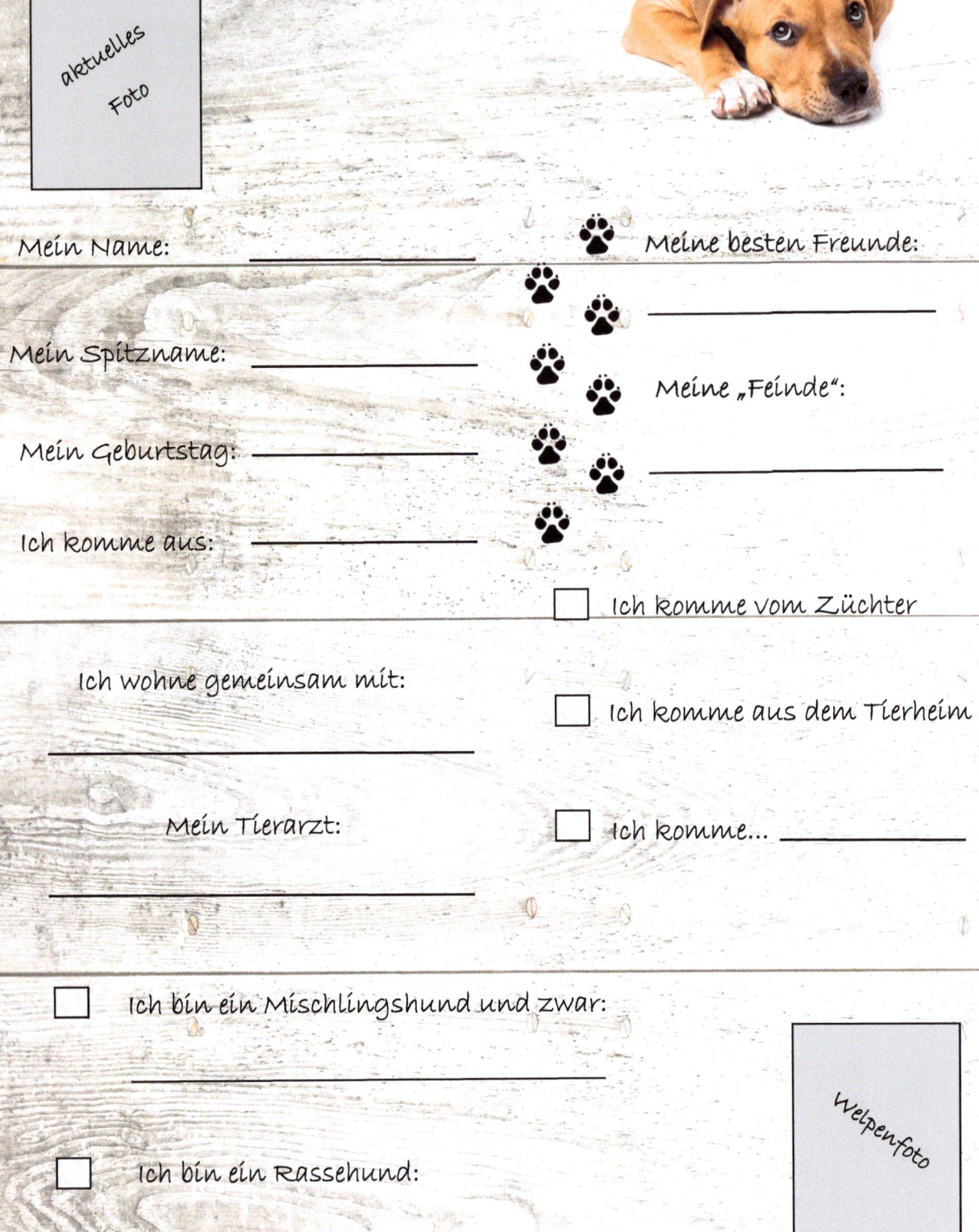

Das kann ich:

	Ja	Manchmal	Nein
Sitz	☐	☐	☐
Platz	☐	☐	☐
Pfui	☐	☐	☐
Bei Fuß	☐	☐	☐
Gib Pfötchen	☐	☐	☐
Schwimmen	☐	☐	☐
Kläffen	☐	☐	☐
Sofa besetzen	☐	☐	☐
Betteln	☐	☐	☐

Mein Lieblingsspielzeug:
_____

Meine Charakterstärke:
_____

Meine schlimmste Verletzung:
_____

Das wünsche ich dir:
_____

Mein Lieblingsessen:
_____

_____

Meine Größe:

O   O   O   O

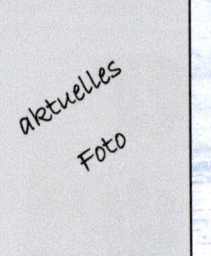

Mein Name: _____

Mein Spitzname: _____

Mein Geburtstag: _____

Ich komme aus: _____

Ich wohne gemeinsam mit:
_____

Mein Tierarzt:
_____

Meine besten Freunde: _____

Meine „Feinde": _____

☐ Ich komme vom Züchter

☐ Ich komme aus dem Tierheim

☐ Ich komme... _____

☐ Ich bin ein Mischlingshund und zwar:
_____

☐ Ich bin ein Rassehund:
_____

Das kann ich:

	Ja	Manchmal	Nein
Sitz	☐	☐	☐
Platz	☐	☐	☐
Pfui	☐	☐	☐
Bei Fuß	☐	☐	☐
Gib Pfötchen	☐	☐	☐
Schwimmen	☐	☐	☐
Kläffen	☐	☐	☐
Sofa besetzen	☐	☐	☐
Betteln	☐	☐	☐

Mein Lieblingsspielzeug:
_____

Meine Charakterstärke:
_____

Meine schlimmste Verletzung:

_____

Mein Lieblingsessen:

_____

Das wünsche ich dir:

_____

_____

Meine Größe:

o o o o o

aktuelles Foto

Mein Name: _____

Mein Spitzname: _____

Mein Geburtstag: _____

Ich komme aus: _____

Ich wohne gemeinsam mit:
_____

Mein Tierarzt:
_____

Meine besten Freunde:
_____

Meine „Feinde":
_____

☐ Ich komme vom Züchter

☐ Ich komme aus dem Tierheim

☐ Ich komme... _____

☐ Ich bin ein Mischlingshund und zwar:
_____

☐ Ich bin ein Rassehund:
_____

Welpenfoto

Das kann ich:

	Ja	Manchmal	Nein
Sitz	☐	☐	☐
Platz	☐	☐	☐
Pfui	☐	☐	☐
Bei Fuß	☐	☐	☐
Gib Pfötchen	☐	☐	☐
Schwimmen	☐	☐	☐
Kläffen	☐	☐	☐
Sofa besetzen	☐	☐	☐
Betteln	☐	☐	☐

Mein Lieblingsspielzeug:
_____

Meine Charakterstärke:
_____

Meine schlimmste Verletzung:
_____

Das wünsche ich dir:
_____

Mein Lieblingsessen:
_____

Meine Größe:

0   0   0   0

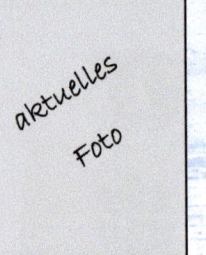
aktuelles Foto

Mein Name: _____

Mein Spitzname: _____

Mein Geburtstag: _____

Ich komme aus: _____

Ich wohne gemeinsam mit:
_____

Mein Tierarzt:
_____

Meine besten Freunde:
_____

Meine „Feinde":
_____

☐ Ich komme vom Züchter

☐ Ich komme aus dem Tierheim

☐ Ich komme... _____

☐ Ich bin ein Mischlingshund und zwar:
_____

☐ Ich bin ein Rassehund:
_____

Welpenfoto

Das kann ich:

	Ja	Manchmal	Nein
Sitz	☐	☐	☐
Platz	☐	☐	☐
Pfui	☐	☐	☐
Bei Fuß	☐	☐	☐
Gib Pfötchen	☐	☐	☐
Schwimmen	☐	☐	☐
Kläffen	☐	☐	☐
Sofa besetzen	☐	☐	☐
Betteln	☐	☐	☐

Mein Lieblingsspielzeug:
_____

Meine Charakterstärke:
_____

Meine schlimmste Verletzung:
_____

Mein Lieblingsessen:
_____

Das wünsche ich dir:
_____

_____

Meine Größe:

O   O   O   O   O

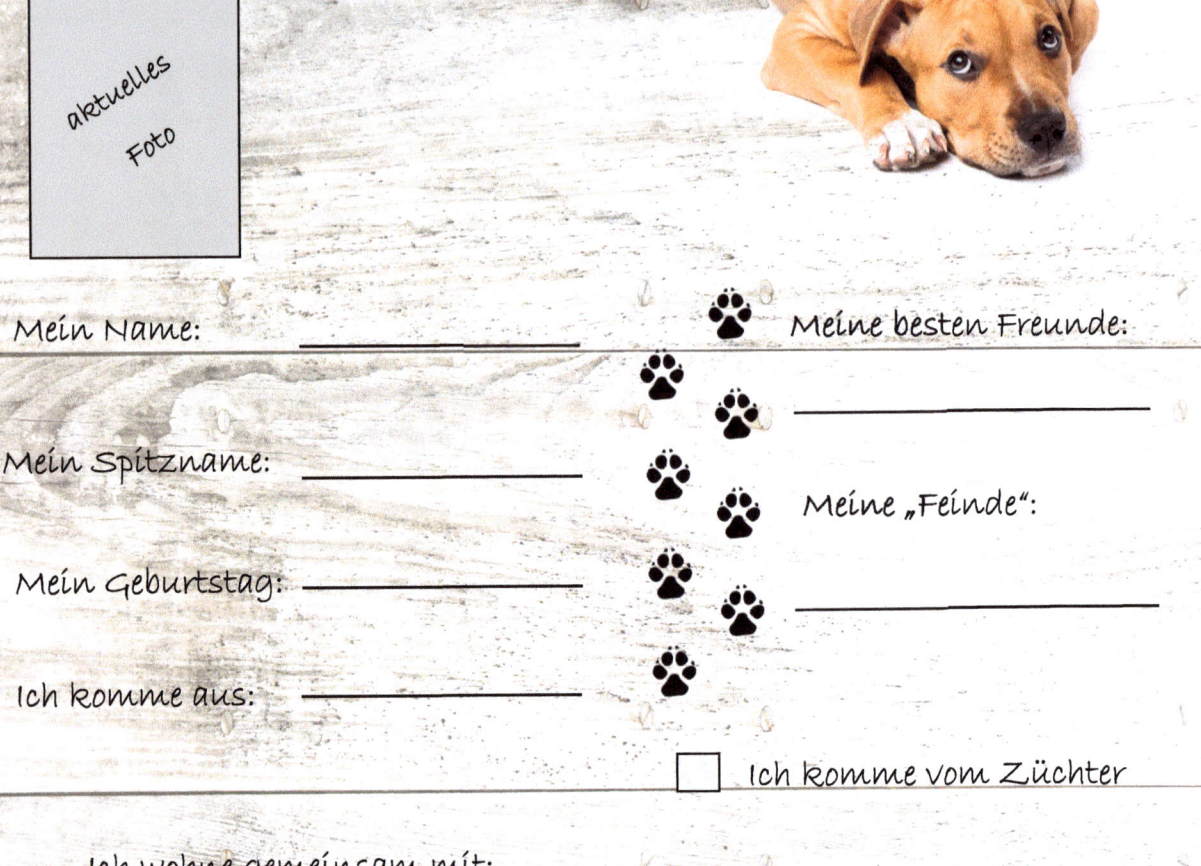

aktuelles Foto

Mein Name: _____

Mein Spitzname: _____

Mein Geburtstag: _____

Ich komme aus: _____

Ich wohne gemeinsam mit:
_____

Mein Tierarzt:
_____

Meine besten Freunde:
_____

Meine „Feinde":
_____

☐ Ich komme vom Züchter

☐ Ich komme aus dem Tierheim

☐ Ich komme... _____

☐ Ich bin ein Mischlingshund und zwar:
_____

☐ Ich bin ein Rassehund:
_____

Welpenfoto

Das kann ich:

	Ja	Manchmal	Nein
Sitz	☐	☐	☐
Platz	☐	☐	☐
Pfui	☐	☐	☐
Bei Fuß	☐	☐	☐
Gib Pfötchen	☐	☐	☐
Schwimmen	☐	☐	☐
Kläffen	☐	☐	☐
Sofa besetzen	☐	☐	☐
Betteln	☐	☐	☐

Mein Lieblingsspielzeug:
_____

Meine Charakterstärke:
_____

Meine schlimmste Verletzung:
_____

Das wünsche ich dir:
_____

Mein Lieblingsessen:
_____
_____

Meine Größe:

o   o   o   o

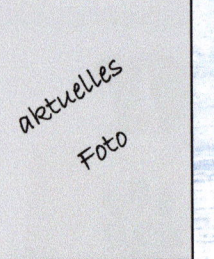

Mein Name: _____

Meine besten Freunde: _____

Mein Spitzname: _____

Meine „Feinde": _____

Mein Geburtstag: _____

Ich komme aus: _____

☐ Ich komme vom Züchter

Ich wohne gemeinsam mit:
_____

☐ Ich komme aus dem Tierheim

Mein Tierarzt: _____
_____

☐ Ich komme... _____

☐ Ich bin ein Mischlingshund und zwar:
_____

☐ Ich bin ein Rassehund:
_____

Das kann ich:

	Ja	Manchmal	Nein
Sitz	☐	☐	☐
Platz	☐	☐	☐
Pfui	☐	☐	☐
Bei Fuß	☐	☐	☐
Gib Pfötchen	☐	☐	☐
Schwimmen	☐	☐	☐
Kläffen	☐	☐	☐
Sofa besetzen	☐	☐	☐
Betteln	☐	☐	☐

Mein Lieblingsspielzeug:
_____

Meine Charakterstärke:
_____

Meine schlimmste Verletzung:
_____

Mein Lieblingsessen:
_____

Das wünsche ich dir:
_____
_____

Meine Größe:

0   0   0   0   0

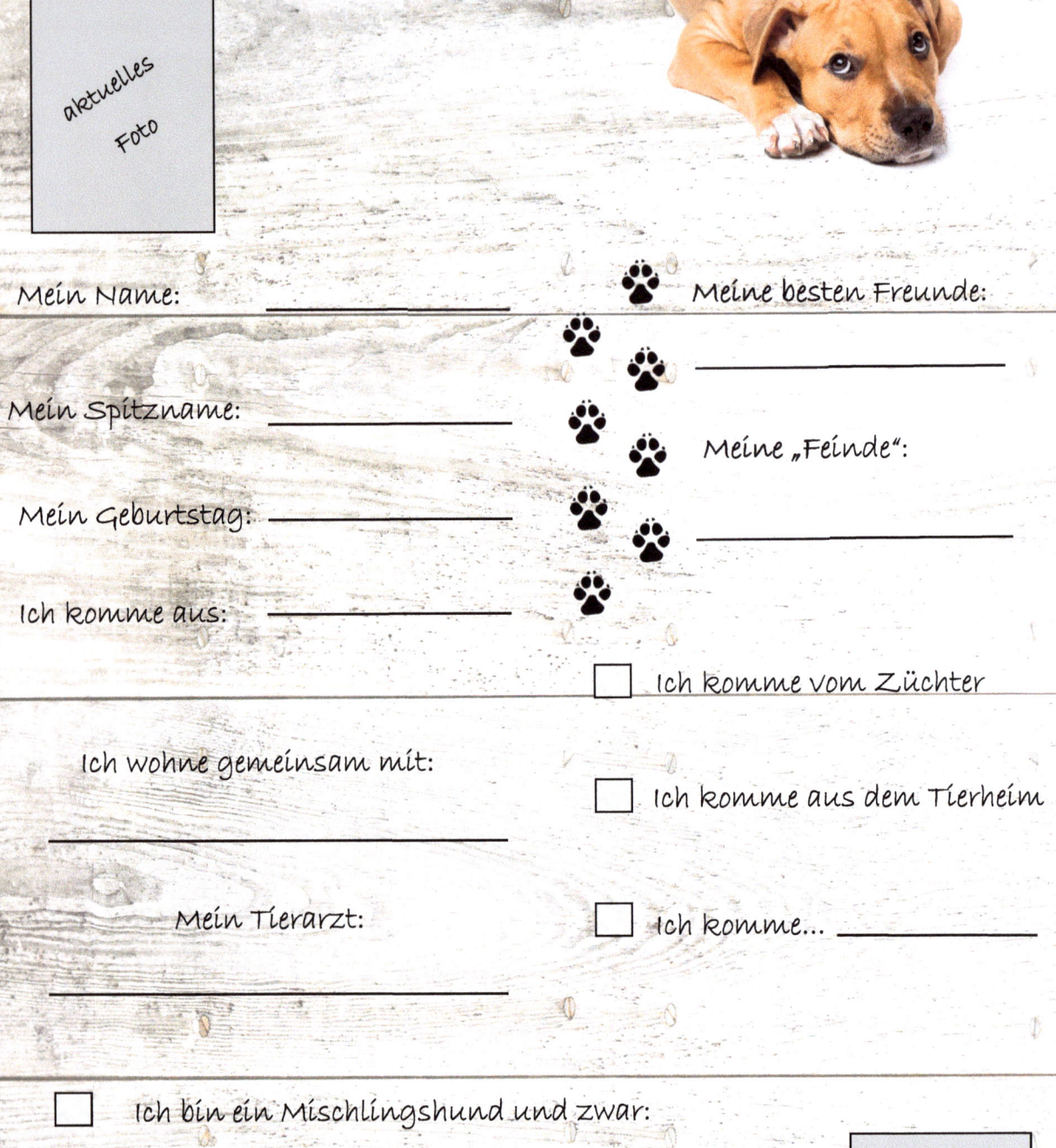

aktuelles Foto

Mein Name: _____

Mein Spitzname: _____

Mein Geburtstag: _____

Ich komme aus: _____

Ich wohne gemeinsam mit:
_____

Mein Tierarzt:
_____

☐ Ich bin ein Mischlingshund und zwar:
_____

☐ Ich bin ein Rassehund:
_____

Meine besten Freunde:
_____

Meine „Feinde":
_____

☐ Ich komme vom Züchter

☐ Ich komme aus dem Tierheim

☐ Ich komme... _____

Welpenfoto

Das kann ich:

	Ja	Manchmal	Nein
Sitz	☐	☐	☐
Platz	☐	☐	☐
Pfui	☐	☐	☐
Bei Fuß	☐	☐	☐
Gib Pfötchen	☐	☐	☐
Schwimmen	☐	☐	☐
Kläffen	☐	☐	☐
Sofa besetzen	☐	☐	☐
Betteln	☐	☐	☐

Mein Lieblingsspielzeug:
_____

Meine Charakterstärke:
_____

Meine schlimmste Verletzung:
_____

Das wünsche ich dir:
_____

Mein Lieblingsessen:
_____

Meine Größe:

O   O   O   O

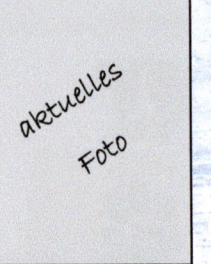

Mein Name: _____

Mein Spitzname: _____

Mein Geburtstag: _____

Ich komme aus: _____

Ich wohne gemeinsam mit:
_____

Mein Tierarzt:
_____

Meine besten Freunde:
_____

Meine „Feinde":
_____

☐ Ich komme vom Züchter

☐ Ich komme aus dem Tierheim

☐ Ich komme... _____

☐ Ich bin ein Mischlingshund und zwar:
_____

☐ Ich bin ein Rassehund:
_____

Das kann ich:

	Ja	Manchmal	Nein
Sitz	☐	☐	☐
Platz	☐	☐	☐
Pfui	☐	☐	☐
Bei Fuß	☐	☐	☐
Gib Pfötchen	☐	☐	☐
Schwimmen	☐	☐	☐
Kläffen	☐	☐	☐
Sofa besetzen	☐	☐	☐
Betteln	☐	☐	☐

Mein Lieblingsspielzeug:
_____

Meine Charakterstärke:
_____

Meine schlimmste Verletzung:

_____

Mein Lieblingsessen:

_____

Das wünsche ich dir:

_____

_____

Meine Größe:

o   o   o   o   o

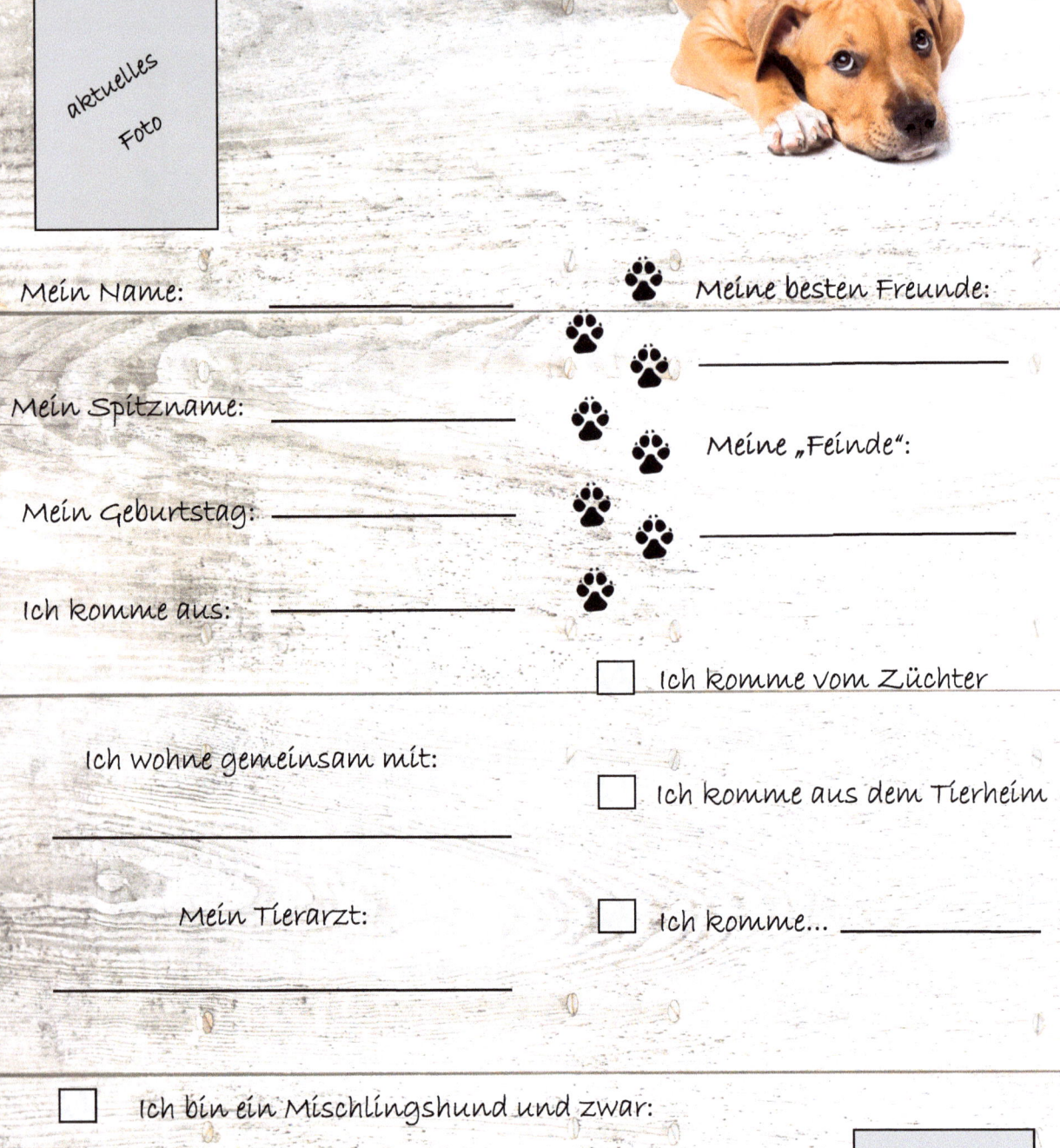

aktuelles Foto

Mein Name: _____

Mein Spitzname: _____

Mein Geburtstag: _____

Ich komme aus: _____

Ich wohne gemeinsam mit:
_____

Mein Tierarzt:
_____

Meine besten Freunde:
_____

Meine „Feinde":
_____

☐ Ich komme vom Züchter

☐ Ich komme aus dem Tierheim

☐ Ich komme... _____

☐ Ich bin ein Mischlingshund und zwar:
_____

☐ Ich bin ein Rassehund:
_____

Welpenfoto

Das kann ich:

	Ja	Manchmal	Nein
Sitz	☐	☐	☐
Platz	☐	☐	☐
Pfui	☐	☐	☐
Bei Fuß	☐	☐	☐
Gib Pfötchen	☐	☐	☐
Schwimmen	☐	☐	☐
Kläffen	☐	☐	☐
Sofa besetzen	☐	☐	☐
Betteln	☐	☐	☐

Mein Lieblingsspielzeug:
_____

Meine Charakterstärke:
_____

Meine schlimmste Verletzung:
_____

Das wünsche ich dir:
_____

Mein Lieblingsessen:
_____

_____

Meine Größe:

O   O   O   O

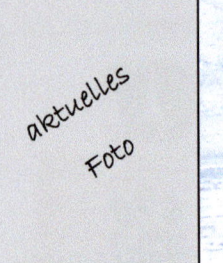
aktuelles Foto

Mein Name: _____

Meine besten Freunde:
_____

Mein Spitzname: _____

Meine „Feinde":
_____

Mein Geburtstag: _____

Ich komme aus: _____

☐ Ich komme vom Züchter

Ich wohne gemeinsam mit:
_____

☐ Ich komme aus dem Tierheim

Mein Tierarzt:
_____

☐ Ich komme... _____

☐ Ich bin ein Mischlingshund und zwar:
_____

Welpenfoto

☐ Ich bin ein Rassehund:
_____

Das kann ich:

	Ja	Manchmal	Nein
Sitz	☐	☐	☐
Platz	☐	☐	☐
Pfui	☐	☐	☐
Bei Fuß	☐	☐	☐
Gib Pfötchen	☐	☐	☐
Schwimmen	☐	☐	☐
Kläffen	☐	☐	☐
Sofa besetzen	☐	☐	☐
Betteln	☐	☐	☐

Mein Lieblingsspielzeug:
_____

Meine Charakterstärke:
_____

Meine schlimmste Verletzung:
_____

Das wünsche ich dir:
_____

Mein Lieblingsessen:
_____
_____

Meine Größe:

o   o   o   o   o

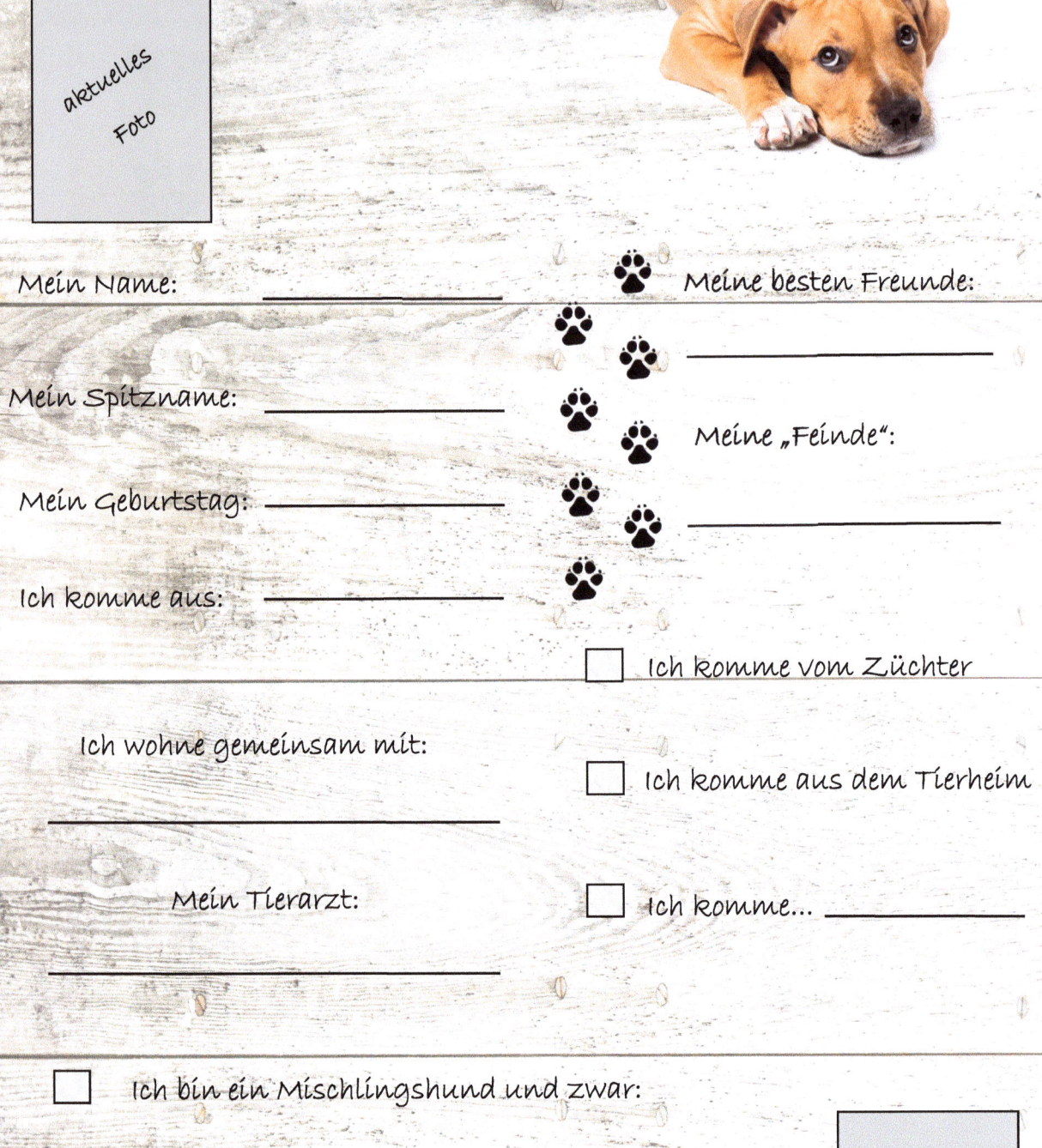

aktuelles Foto

Mein Name: _____

Mein Spitzname: _____

Mein Geburtstag: _____

Ich komme aus: _____

Ich wohne gemeinsam mit:
_____

Mein Tierarzt:
_____

Meine besten Freunde:
_____

Meine „Feinde":
_____

☐ Ich komme vom Züchter

☐ Ich komme aus dem Tierheim

☐ Ich komme... _____

☐ Ich bin ein Mischlingshund und zwar:
_____

☐ Ich bin ein Rassehund:
_____

Welpenfoto

Das kann ich:

	Ja	Manchmal	Nein
Sitz	☐	☐	☐
Platz	☐	☐	☐
Pfui	☐	☐	☐
Bei Fuß	☐	☐	☐
Gib Pfötchen	☐	☐	☐
Schwimmen	☐	☐	☐
Kläffen	☐	☐	☐
Sofa besetzen	☐	☐	☐
Betteln	☐	☐	☐

Mein Lieblingsspielzeug:
_____

Meine Charakterstärke:
_____

Meine schlimmste Verletzung:
_____

Mein Lieblingsessen:
_____

Das wünsche ich dir:
_____
_____

Meine Größe:

O   O   O   O

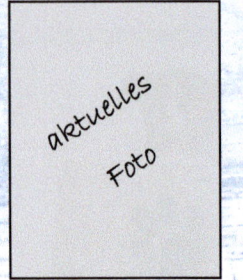

Mein Name: _____

Mein Spitzname: _____

Mein Geburtstag: _____

Ich komme aus: _____

Ich wohne gemeinsam mit:

_____

Mein Tierarzt:

_____

Meine besten Freunde:

_____

Meine „Feinde":

_____

☐ Ich komme vom Züchter

☐ Ich komme aus dem Tierheim

☐ Ich komme... _____

☐ Ich bin ein Mischlingshund und zwar:

_____

☐ Ich bin ein Rassehund:

_____

Das kann ich:

	Ja	Manchmal	Nein
Sitz	☐	☐	☐
Platz	☐	☐	☐
Pfui	☐	☐	☐
Bei Fuß	☐	☐	☐
Gib Pfötchen	☐	☐	☐
Schwimmen	☐	☐	☐
Kläffen	☐	☐	☐
Sofa besetzen	☐	☐	☐
Betteln	☐	☐	☐

Mein Lieblingsspielzeug:
_____

Meine Charakterstärke:
_____

Meine schlimmste Verletzung:

_____

Mein Lieblingsessen:

_____

Das wünsche ich dir:

_____

_____

Meine Größe:

o   o   o   o   o

aktuelles Foto

Mein Name: _____

Mein Spitzname: _____

Mein Geburtstag: _____

Ich komme aus: _____

Ich wohne gemeinsam mit:
_____

Mein Tierarzt:
_____

Meine besten Freunde:
_____

Meine „Feinde":
_____

☐ Ich komme vom Züchter

☐ Ich komme aus dem Tierheim

☐ Ich komme... _____

☐ Ich bin ein Mischlingshund und zwar:
_____

☐ Ich bin ein Rassehund:
_____

Welpenfoto

Das kann ich:

	Ja	Manchmal	Nein
Sitz	☐	☐	☐
Platz	☐	☐	☐
Pfui	☐	☐	☐
Bei Fuß	☐	☐	☐
Gib Pfötchen	☐	☐	☐
Schwimmen	☐	☐	☐
Kläffen	☐	☐	☐
Sofa besetzen	☐	☐	☐
Betteln	☐	☐	☐

Mein Lieblingsspielzeug:
_____

Meine Charakterstärke:
_____

Meine schlimmste Verletzung:
_____

Das wünsche ich dir:
_____

Mein Lieblingsessen:
_____

_____

Meine Größe:

0   0   0   0   0

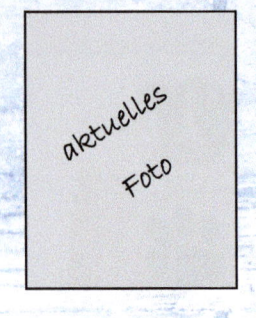

Mein Name: _____

Meine besten Freunde:
_____

Mein Spitzname: _____

Meine „Feinde":
_____

Mein Geburtstag: _____

Ich komme aus: _____

☐ Ich komme vom Züchter

Ich wohne gemeinsam mit:
_____

☐ Ich komme aus dem Tierheim

Mein Tierarzt:
_____

☐ Ich komme... _____

☐ Ich bin ein Mischlingshund und zwar:
_____

Welpenfoto

☐ Ich bin ein Rassehund:
_____

Das kann ich:

	Ja	Manchmal	Nein
Sitz	☐	☐	☐
Platz	☐	☐	☐
Pfui	☐	☐	☐
Bei Fuß	☐	☐	☐
Gib Pfötchen	☐	☐	☐
Schwimmen	☐	☐	☐
Kläffen	☐	☐	☐
Sofa besetzen	☐	☐	☐
Betteln	☐	☐	☐

Mein Lieblingsspielzeug:
_____

Meine Charakterstärke:
_____

Meine schlimmste Verletzung:
_____

Mein Lieblingsessen:
_____
_____

Das wünsche ich dir:
_____
_____

Meine Größe:

o   o   o   o   o

Mein Name: _____

Mein Spitzname: _____

Mein Geburtstag: _____

Ich komme aus: _____

Meine besten Freunde: _____

Meine „Feinde": _____

Ich wohne gemeinsam mit:
_____

Mein Tierarzt:
_____

☐ Ich komme vom Züchter

☐ Ich komme aus dem Tierheim

☐ Ich komme... _____

☐ Ich bin ein Mischlingshund und zwar:
_____

☐ Ich bin ein Rassehund:
_____

Welpenfoto

Das kann ich:

	Ja	Manchmal	Nein
Sitz	☐	☐	☐
Platz	☐	☐	☐
Pfui	☐	☐	☐
Bei Fuß	☐	☐	☐
Gib Pfötchen	☐	☐	☐
Schwimmen	☐	☐	☐
Kläffen	☐	☐	☐
Sofa besetzen	☐	☐	☐
Betteln	☐	☐	☐

Mein Lieblingsspielzeug:
_____

Meine Charakterstärke:
_____

Meine schlimmste Verletzung:
_____
_____

Mein Lieblingsessen:
_____
_____

Das wünsche ich dir:
_____
_____
_____
_____

Meine Größe:

O   O   O   O

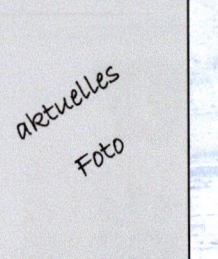

Mein Name: _____

Meine besten Freunde: _____

Mein Spitzname: _____

Meine „Feinde": _____

Mein Geburtstag: _____

Ich komme aus: _____

☐ Ich komme vom Züchter

Ich wohne gemeinsam mit:
_____

☐ Ich komme aus dem Tierheim

Mein Tierarzt:
_____

☐ Ich komme... _____

☐ Ich bin ein Mischlingshund und zwar:
_____

☐ Ich bin ein Rassehund:
_____

Das kann ich:

	Ja	Manchmal	Nein
Sitz	☐	☐	☐
Platz	☐	☐	☐
Pfui	☐	☐	☐
Bei Fuß	☐	☐	☐
Gib Pfötchen	☐	☐	☐
Schwimmen	☐	☐	☐
Kläffen	☐	☐	☐
Sofa besetzen	☐	☐	☐
Betteln	☐	☐	☐

Mein Lieblingsspielzeug:
_____

Meine Charakterstärke:
_____

Meine schlimmste Verletzung:

_____

Das wünsche ich dir:

_____

Mein Lieblingsessen:

_____

_____

Meine Größe:

O   O   O   O   O

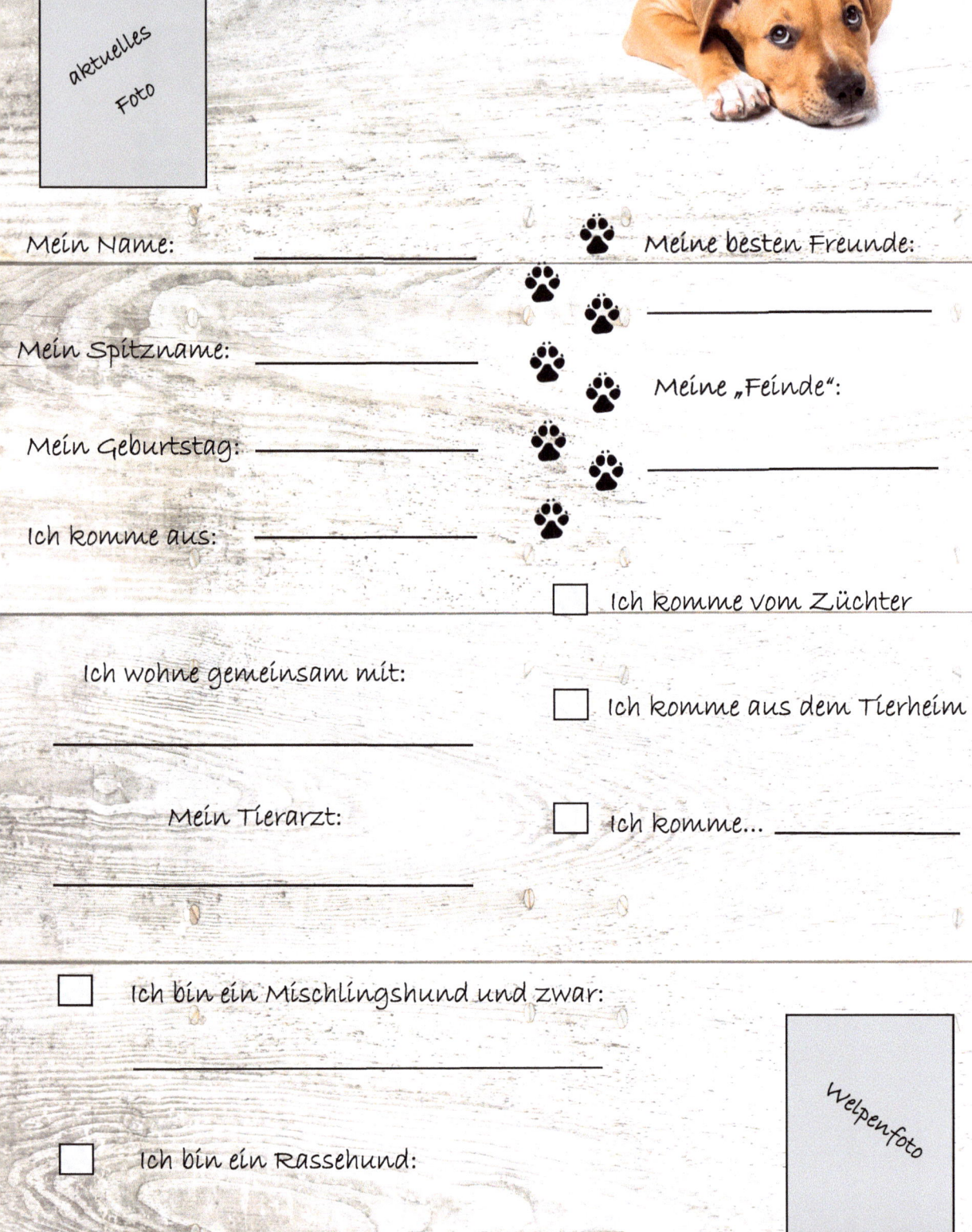

Das kann ich:

	Ja	Manchmal	Nein
Sitz	☐	☐	☐
Platz	☐	☐	☐
Pfui	☐	☐	☐
Bei Fuß	☐	☐	☐
Gib Pfötchen	☐	☐	☐
Schwimmen	☐	☐	☐
Kläffen	☐	☐	☐
Sofa besetzen	☐	☐	☐
Betteln	☐	☐	☐

Mein Lieblingsspielzeug:
_____

Meine Charakterstärke:
_____

Meine schlimmste Verletzung:
_____

Das wünsche ich dir:
_____

Mein Lieblingsessen:
_____

Meine Größe:

0   0   0   0

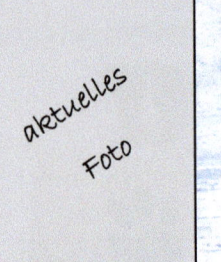

Mein Name: _____

Mein Spitzname: _____

Mein Geburtstag: _____

Ich komme aus: _____

Ich wohne gemeinsam mit:

_____

Mein Tierarzt:

_____

Meine besten Freunde:

_____

Meine „Feinde":

_____

☐ Ich komme vom Züchter

☐ Ich komme aus dem Tierheim

☐ Ich komme... _____

☐ Ich bin ein Mischlingshund und zwar:

_____

☐ Ich bin ein Rassehund:

_____

Das kann ich:

	Ja	Manchmal	Nein
Sitz	☐	☐	☐
Platz	☐	☐	☐
Pfui	☐	☐	☐
Bei Fuß	☐	☐	☐
Gib Pfötchen	☐	☐	☐
Schwimmen	☐	☐	☐
Kläffen	☐	☐	☐
Sofa besetzen	☐	☐	☐
Betteln	☐	☐	☐

Mein Lieblingsspielzeug:
_____

Meine Charakterstärke:
_____

Meine schlimmste Verletzung:

_____

Mein Lieblingsessen:

_____

Das wünsche ich dir:

_____

_____

Meine Größe:

O   O   O   O   O

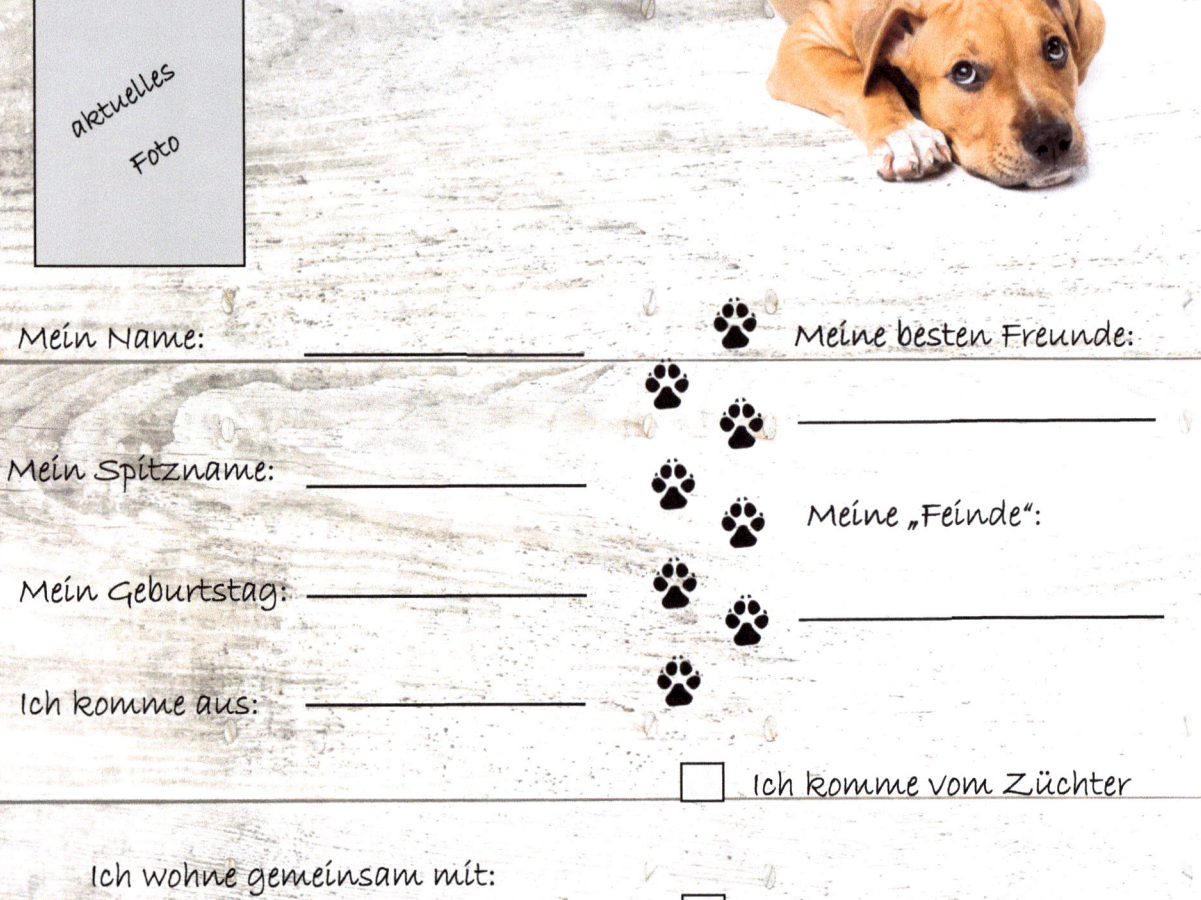

aktuelles Foto

Mein Name: _____

Mein Spitzname: _____

Mein Geburtstag: _____

Ich komme aus: _____

Ich wohne gemeinsam mit:
_____

Mein Tierarzt:
_____

Meine besten Freunde:
_____

Meine „Feinde":
_____

☐ Ich komme vom Züchter

☐ Ich komme aus dem Tierheim

☐ Ich komme... _____

☐ Ich bin ein Mischlingshund und zwar:
_____

☐ Ich bin ein Rassehund:
_____

Welpenfoto

Das kann ich:

	Ja	Manchmal	Nein
Sitz	☐	☐	☐
Platz	☐	☐	☐
Pfui	☐	☐	☐
Bei Fuß	☐	☐	☐
Gib Pfötchen	☐	☐	☐
Schwimmen	☐	☐	☐
Kläffen	☐	☐	☐
Sofa besetzen	☐	☐	☐
Betteln	☐	☐	☐

Mein Lieblingsspielzeug:
_____

Meine Charakterstärke:
_____

Meine schlimmste Verletzung:
_____

Das wünsche ich dir:
_____

Mein Lieblingsessen:
_____

_____

Meine Größe:

o   o   o   o

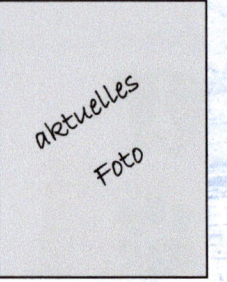

Mein Name: _____

Meine besten Freunde:
_____

Mein Spitzname: _____

Meine „Feinde":
_____

Mein Geburtstag: _____

Ich komme aus: _____

☐ Ich komme vom Züchter

Ich wohne gemeinsam mit:
_____

☐ Ich komme aus dem Tierheim

Mein Tierarzt:
_____

☐ Ich komme... _____

☐ Ich bin ein Mischlingshund und zwar:
_____

Welpenfoto

☐ Ich bin ein Rassehund:
_____

Das kann ich:

	Ja	Manchmal	Nein
Sitz	☐	☐	☐
Platz	☐	☐	☐
Pfui	☐	☐	☐
Bei Fuß	☐	☐	☐
Gib Pfötchen	☐	☐	☐
Schwimmen	☐	☐	☐
Kläffen	☐	☐	☐
Sofa besetzen	☐	☐	☐
Betteln	☐	☐	☐

Mein Lieblingsspielzeug:
_____

Meine Charakterstärke:
_____

Meine schlimmste Verletzung:
_____

Mein Lieblingsessen:
_____
_____

Das wünsche ich dir:
_____
_____
_____

Meine Größe:

0   0   0   0   0

aktuelles Foto

Mein Name: _____

Mein Spitzname: _____

Mein Geburtstag: _____

Ich komme aus: _____

Ich wohne gemeinsam mit:
_____

Mein Tierarzt:
_____

Meine besten Freunde:
_____

Meine „Feinde":
_____

☐ Ich komme vom Züchter

☐ Ich komme aus dem Tierheim

☐ Ich komme... _____

☐ Ich bin ein Mischlingshund und zwar:
_____

☐ Ich bin ein Rassehund:
_____

Welpenfoto

Das kann ich:

	Ja	Manchmal	Nein
Sitz	☐	☐	☐
Platz	☐	☐	☐
Pfui	☐	☐	☐
Bei Fuß	☐	☐	☐
Gib Pfötchen	☐	☐	☐
Schwimmen	☐	☐	☐
Kläffen	☐	☐	☐
Sofa besetzen	☐	☐	☐
Betteln	☐	☐	☐

Mein Lieblingsspielzeug:
_____

Meine Charakterstärke:
_____

Meine schlimmste Verletzung:
_____

Das wünsche ich dir:
_____

Mein Lieblingsessen:
_____

_____

Meine Größe:

o　　o　　o　　o

Mein Name: _____

Mein Spitzname: _____

Mein Geburtstag: _____

Ich komme aus: _____

Ich wohne gemeinsam mit:

_____

Mein Tierarzt:

_____

Meine besten Freunde:

_____

Meine „Feinde":

_____

☐ Ich komme vom Züchter

☐ Ich komme aus dem Tierheim

☐ Ich komme... _____

☐ Ich bin ein Mischlingshund und zwar:

_____

☐ Ich bin ein Rassehund:

_____

Welpenfoto

Das kann ich:

	Ja	Manchmal	Nein
Sitz	☐	☐	☐
Platz	☐	☐	☐
Pfui	☐	☐	☐
Bei Fuß	☐	☐	☐
Gib Pfötchen	☐	☐	☐
Schwimmen	☐	☐	☐
Kläffen	☐	☐	☐
Sofa besetzen	☐	☐	☐
Betteln	☐	☐	☐

Mein Lieblingsspielzeug:
_____

Meine Charakterstärke:
_____

Meine schlimmste Verletzung:
_____

Mein Lieblingsessen:
_____

Das wünsche ich dir:
_____
_____

Meine Größe:

o   o   o   o   o

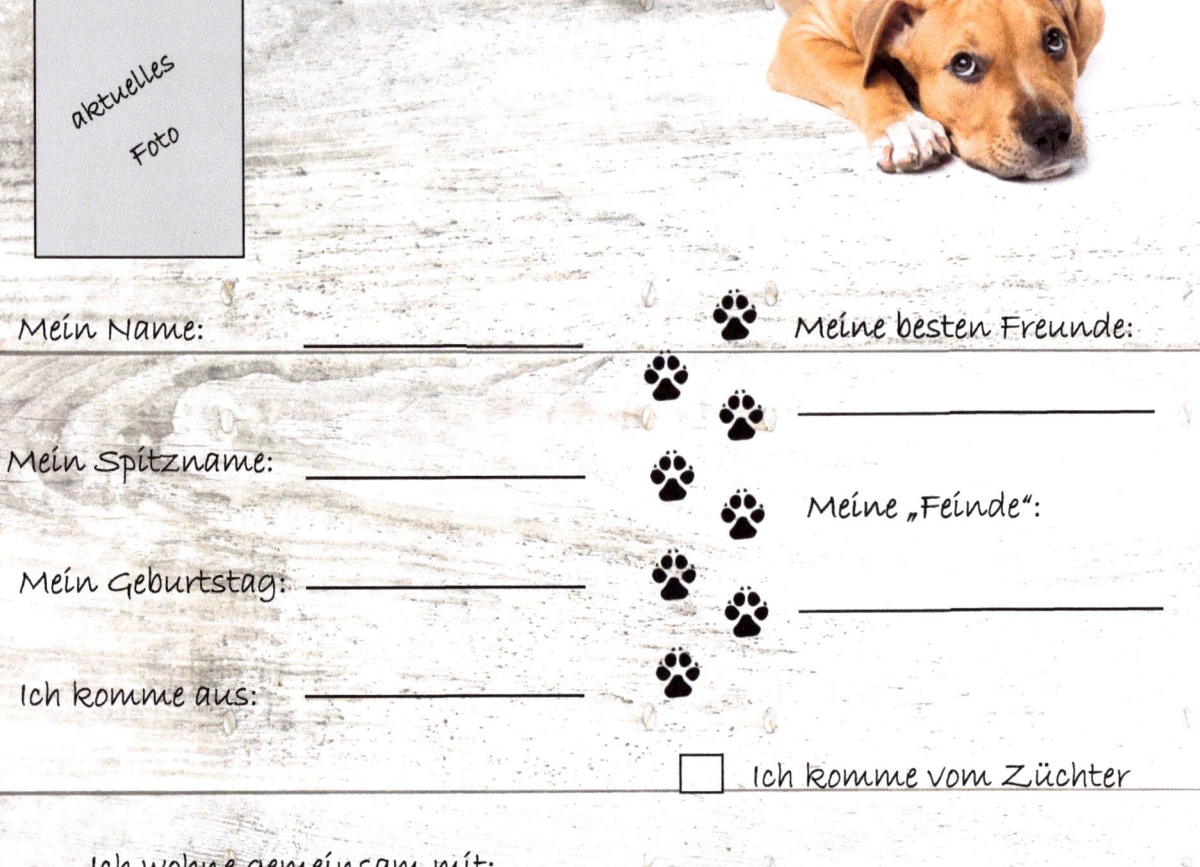

aktuelles Foto

Mein Name: _____

Mein Spitzname: _____

Mein Geburtstag: _____

Ich komme aus: _____

Meine besten Freunde: _____
_____

Meine „Feinde": _____

☐ Ich komme vom Züchter

Ich wohne gemeinsam mit:
_____

☐ Ich komme aus dem Tierheim

Mein Tierarzt: _____

☐ Ich komme... _____

☐ Ich bin ein Mischlingshund und zwar:
_____

☐ Ich bin ein Rassehund:
_____

Welpenfoto

Das kann ich:

	Ja	Manchmal	Nein
Sitz	☐	☐	☐
Platz	☐	☐	☐
Pfui	☐	☐	☐
Bei Fuß	☐	☐	☐
Gib Pfötchen	☐	☐	☐
Schwimmen	☐	☐	☐
Kläffen	☐	☐	☐
Sofa besetzen	☐	☐	☐
Betteln	☐	☐	☐

Mein Lieblingsspielzeug:
_____

Meine Charakterstärke:
_____

Meine schlimmste Verletzung:
_____

Das wünsche ich dir:
_____

Mein Lieblingsessen:
_____

Meine Größe:

o   o   o   o

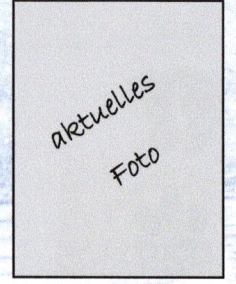

Mein Name: _____

Meine besten Freunde:
_____

Mein Spitzname: _____

Meine „Feinde":
_____

Mein Geburtstag: _____

Ich komme aus: _____

☐ Ich komme vom Züchter

Ich wohne gemeinsam mit:
_____

☐ Ich komme aus dem Tierheim

Mein Tierarzt: _____
_____

☐ Ich komme... _____

☐ Ich bin ein Mischlingshund und zwar:
_____

☐ Ich bin ein Rassehund:
_____

Das kann ich:

	Ja	Manchmal	Nein
Sitz	☐	☐	☐
Platz	☐	☐	☐
Pfui	☐	☐	☐
Bei Fuß	☐	☐	☐
Gib Pfötchen	☐	☐	☐
Schwimmen	☐	☐	☐
Kläffen	☐	☐	☐
Sofa besetzen	☐	☐	☐
Betteln	☐	☐	☐

Mein Lieblingsspielzeug:
_____

Meine Charakterstärke:
_____

Meine schlimmste Verletzung:

_____

Mein Lieblingsessen:

_____

Das wünsche ich dir:

_____

_____

Meine Größe:

O   O   O   O   O

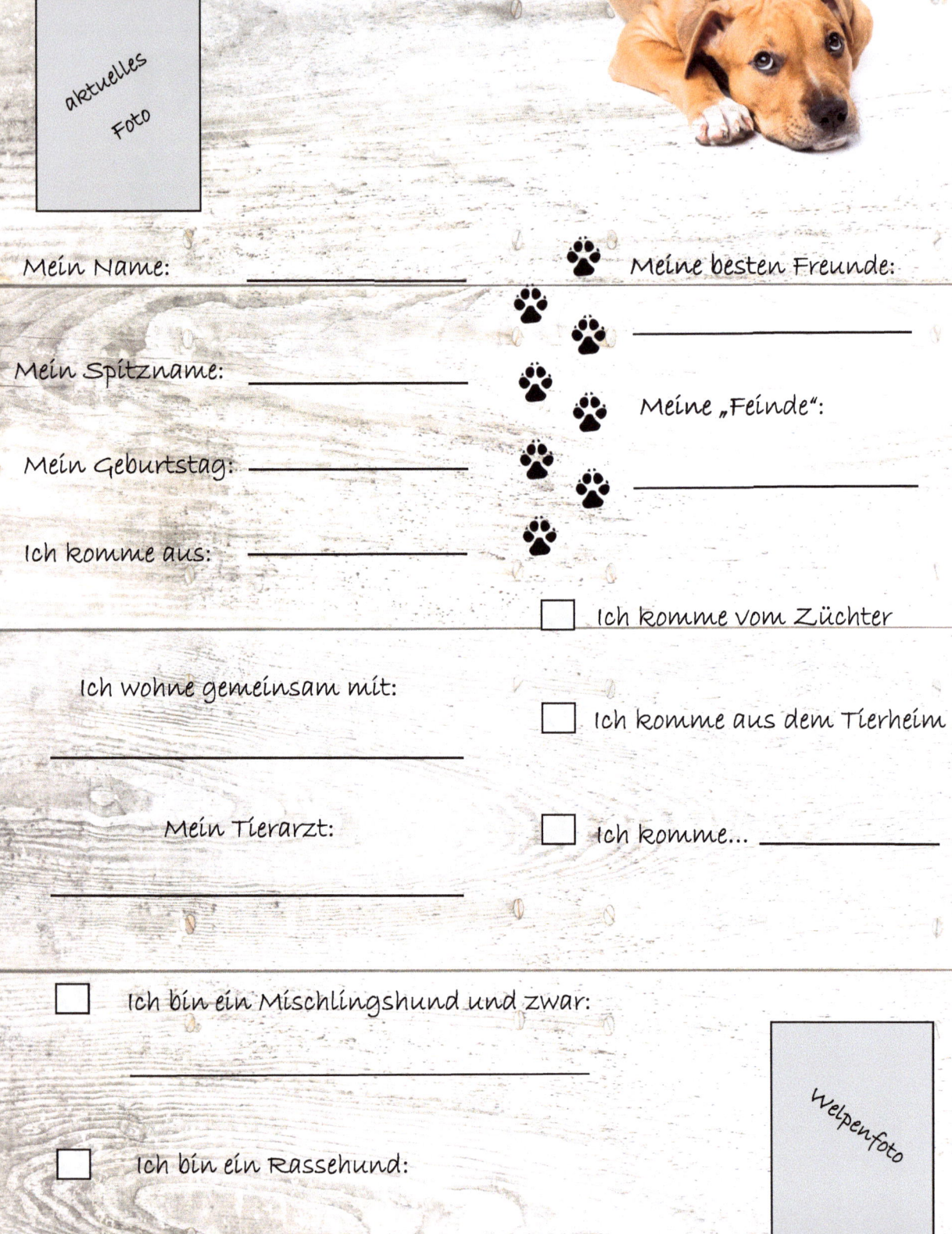

Das kann ich:

	Ja	Manchmal	Nein
Sitz	☐	☐	☐
Platz	☐	☐	☐
Pfui	☐	☐	☐
Bei Fuß	☐	☐	☐
Gib Pfötchen	☐	☐	☐
Schwimmen	☐	☐	☐
Kläffen	☐	☐	☐
Sofa besetzen	☐	☐	☐
Betteln	☐	☐	☐

Mein Lieblingsspielzeug:
_____

Meine Charakterstärke:
_____

Meine schlimmste Verletzung:
_____

Mein Lieblingsessen:
_____
_____

Das wünsche ich dir:
_____
_____

Meine Größe:

o   o   o   o

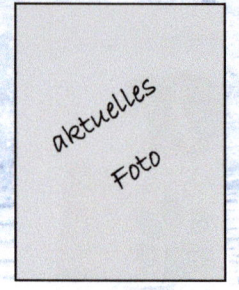

Mein Name: _____

Meine besten Freunde:

_____

Mein Spitzname: _____

Meine „Feinde":

Mein Geburtstag: _____

_____

Ich komme aus: _____

☐ Ich komme vom Züchter

Ich wohne gemeinsam mit:

_____

☐ Ich komme aus dem Tierheim

Mein Tierarzt:

_____

☐ Ich komme... _____

☐ Ich bin ein Mischlingshund und zwar:

_____

☐ Ich bin ein Rassehund:

_____

Das kann ich:

	Ja	Manchmal	Nein
Sitz	☐	☐	☐
Platz	☐	☐	☐
Pfui	☐	☐	☐
Bei Fuß	☐	☐	☐
Gib Pfötchen	☐	☐	☐
Schwimmen	☐	☐	☐
Kläffen	☐	☐	☐
Sofa besetzen	☐	☐	☐
Betteln	☐	☐	☐

Mein Lieblingsspielzeug:
_____

Meine Charakterstärke:
_____

Meine schlimmste Verletzung:
_____

Mein Lieblingsessen:
_____
_____

Das wünsche ich dir:
_____
_____

Meine Größe:

o   o   o   o   o

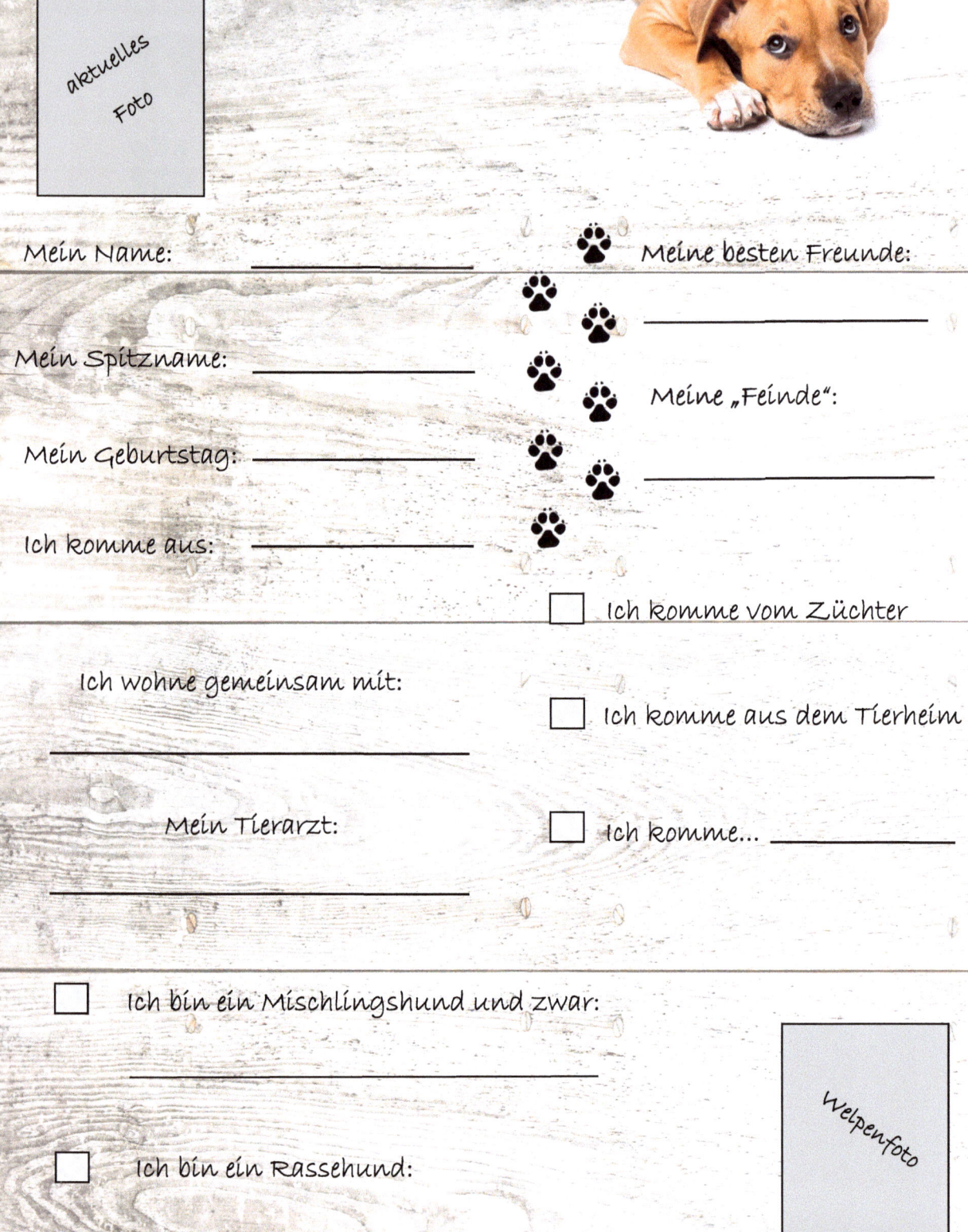

Das kann ich:

	Ja	Manchmal	Nein
Sitz	☐	☐	☐
Platz	☐	☐	☐
Pfui	☐	☐	☐
Bei Fuß	☐	☐	☐
Gib Pfötchen	☐	☐	☐
Schwimmen	☐	☐	☐
Kläffen	☐	☐	☐
Sofa besetzen	☐	☐	☐
Betteln	☐	☐	☐

Mein Lieblingsspielzeug:
_____

Meine Charakterstärke:
_____

Meine schlimmste Verletzung:
_____

Das wünsche ich dir:
_____

Mein Lieblingsessen:
_____

_____

Meine Größe:

O   O   O   O   O

Mein Name: _____

Mein Spitzname: _____

Mein Geburtstag: _____

Ich komme aus: _____

Ich wohne gemeinsam mit:
_____

Mein Tierarzt:
_____

Meine besten Freunde:
_____

Meine „Feinde":
_____

☐ Ich komme vom Züchter

☐ Ich komme aus dem Tierheim

☐ Ich komme... _____

☐ Ich bin ein Mischlingshund und zwar:
_____

☐ Ich bin ein Rassehund:
_____

Welpenfoto

Das kann ich:

	Ja	Manchmal	Nein
Sitz	☐	☐	☐
Platz	☐	☐	☐
Pfui	☐	☐	☐
Bei Fuß	☐	☐	☐
Gib Pfötchen	☐	☐	☐
Schwimmen	☐	☐	☐
Kläffen	☐	☐	☐
Sofa besetzen	☐	☐	☐
Betteln	☐	☐	☐

Mein Lieblingsspielzeug:
_____

Meine Charakterstärke:
_____

Meine schlimmste Verletzung:

_____

Mein Lieblingsessen:

_____

_____

Das wünsche ich dir:

_____

_____

Meine Größe:

0   0   0   0

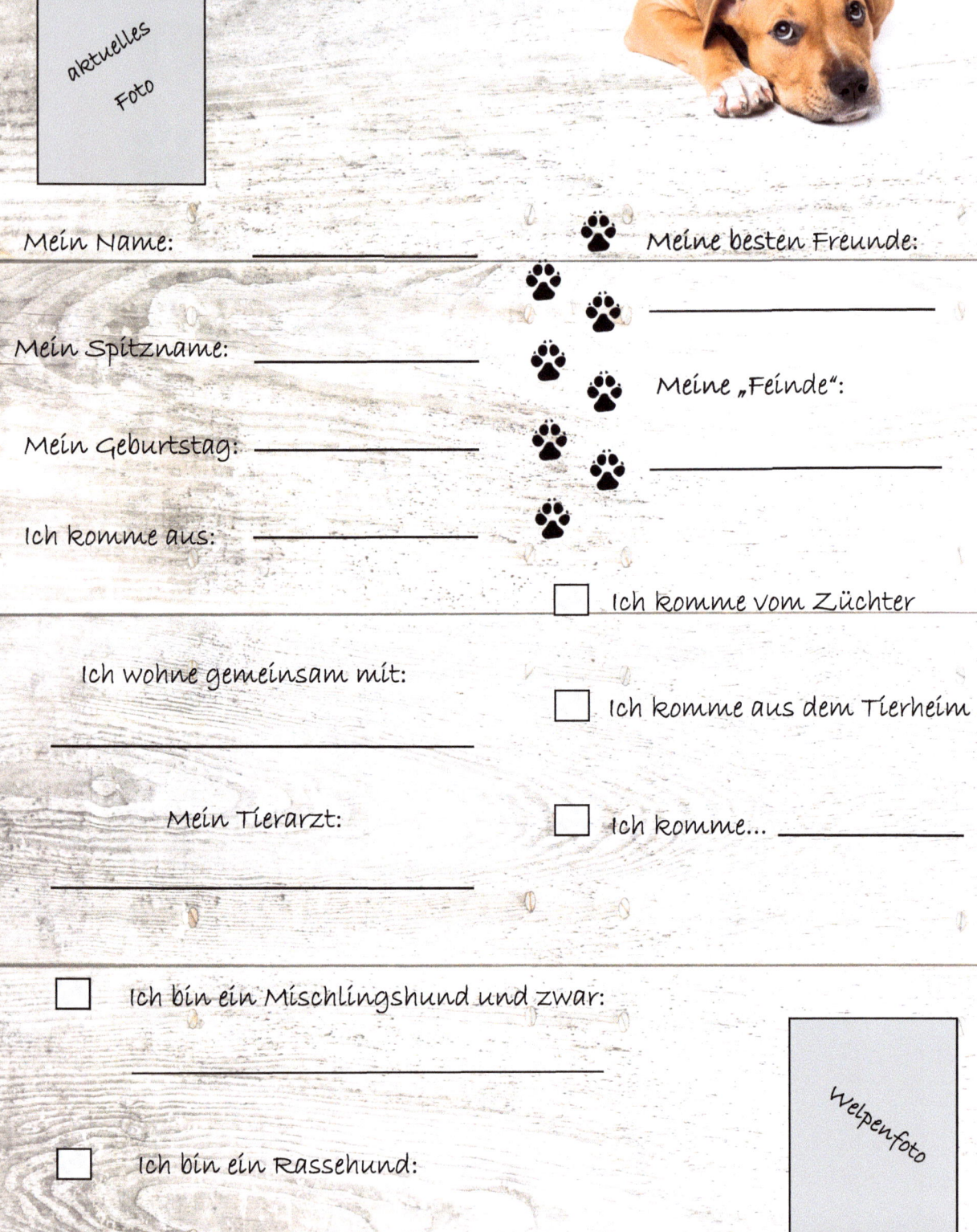

Das kann ich:

	Ja	Manchmal	Nein
Sitz	☐	☐	☐
Platz	☐	☐	☐
Pfui	☐	☐	☐
Bei Fuß	☐	☐	☐
Gib Pfötchen	☐	☐	☐
Schwimmen	☐	☐	☐
Kläffen	☐	☐	☐
Sofa besetzen	☐	☐	☐
Betteln	☐	☐	☐

Mein Lieblingsspielzeug:
_____

Meine Charakterstärke:
_____

Meine schlimmste Verletzung:

_____

Das wünsche ich dir:

_____

Mein Lieblingsessen:

_____

_____

Meine Größe:

o   o   o   o   o

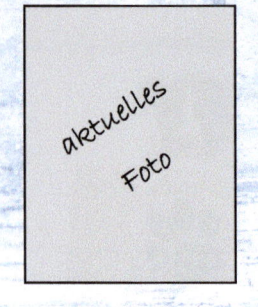

Mein Name: _____

Mein Spitzname: _____

Mein Geburtstag: _____

Ich komme aus: _____

Ich wohne gemeinsam mit:

_____

Mein Tierarzt:

_____

☐ Ich bin ein Mischlingshund und zwar:

_____

☐ Ich bin ein Rassehund:

_____

Meine besten Freunde: _____

Meine „Feinde": _____

☐ Ich komme vom Züchter

☐ Ich komme aus dem Tierheim

☐ Ich komme... _____

Das kann ich:

	Ja	Manchmal	Nein
Sitz	☐	☐	☐
Platz	☐	☐	☐
Pfui	☐	☐	☐
Bei Fuß	☐	☐	☐
Gib Pfötchen	☐	☐	☐
Schwimmen	☐	☐	☐
Kläffen	☐	☐	☐
Sofa besetzen	☐	☐	☐
Betteln	☐	☐	☐

Mein Lieblingsspielzeug:
_____

Meine Charakterstärke:
_____

Meine schlimmste Verletzung:
_____

Mein Lieblingsessen:
_____

Das wünsche ich dir:
_____

Meine Größe:

O O O O O

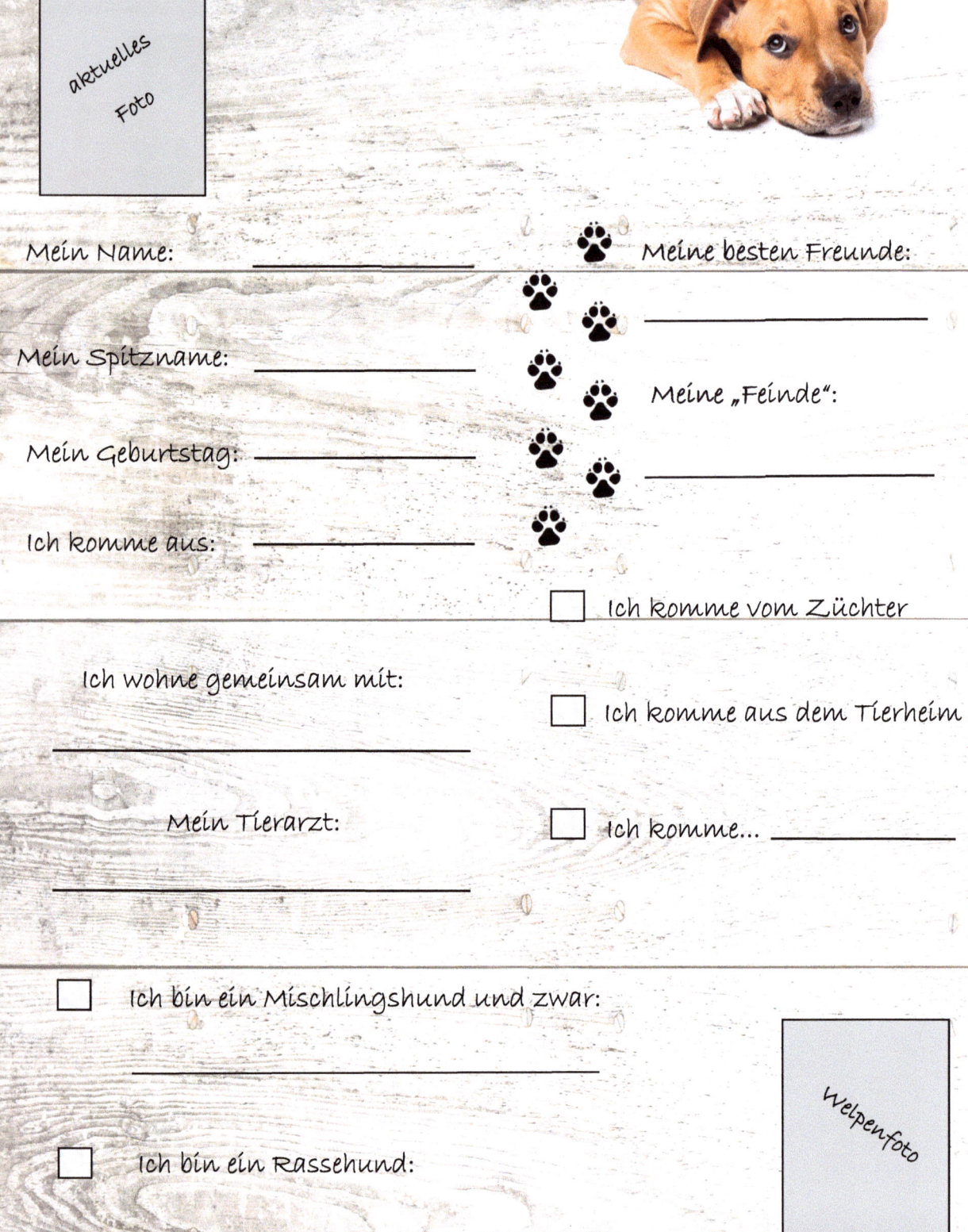

Das kann ich:

	Ja	Manchmal	Nein
Sitz	☐	☐	☐
Platz	☐	☐	☐
Pfui	☐	☐	☐
Bei Fuß	☐	☐	☐
Gib Pfötchen	☐	☐	☐
Schwimmen	☐	☐	☐
Kläffen	☐	☐	☐
Sofa besetzen	☐	☐	☐
Betteln	☐	☐	☐

Mein Lieblingsspielzeug:
_____

Meine Charakterstärke:
_____

Meine schlimmste Verletzung:
_____

Mein Lieblingsessen:
_____

Das wünsche ich dir:
_____
_____

Meine Größe:

o   o   o   o   o

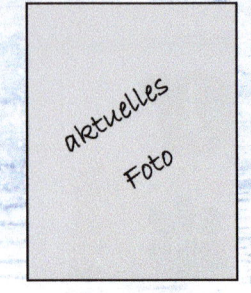

Mein Name: _____

Meine besten Freunde:
_____

Mein Spitzname: _____

Meine „Feinde":
_____

Mein Geburtstag: _____

Ich komme aus: _____

☐ Ich komme vom Züchter

Ich wohne gemeinsam mit:
_____

☐ Ich komme aus dem Tierheim

Mein Tierarzt:
_____

☐ Ich komme... _____

☐ Ich bin ein Mischlingshund und zwar:
_____

☐ Ich bin ein Rassehund:
_____